AF372679

Vente du Vendredi 27 Novembre 1874.

SALLE N. 1.

OBJETS D'ART

DE CURIOSITÉ

ET D'AMEUBLEMENT

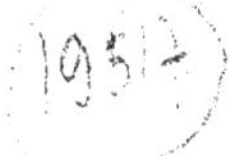

EXPOSITION PUBLIQUE

Le Jeudi 26 Novembre 1874

Mᵉ CHARLES PILLET,
COMMISSAIRE-PRISEUR
10, rue de la Grange-Batelière.

M. CHARLES MANNHEIM,
EXPERT
7, rue Saint-Georges.

CATALOGUE

D'UNE INTÉRESSANTE RÉUNION

D'OBJETS D'ART

DE CURIOSITÉ

ET D'AMEUBLEMENT

Porcelaines anciennes ; Émaux et Miniatures ;
Sculptures en marbre et autres ; Bronzes d'art du XVIᵉ siècle ;
Grande Console en bronze par CROZATIER ;
Jolies Pendules du temps de Louis XVI ; Bronzes d'ameublement ;
Meubles en bois sculpté ; Meubles Louis XV et Louis XVI ;
Glaces ; Paravents ;

OBJETS VARIÉS

BELLES TAPISSERIES

DONT LA VENTE AUX ENCHÈRES AURA LIEU

HOTEL DROUOT, SALLE Nº 1

Le Vendredi 27 Novembre 1874

A DEUX HEURES.

Par le ministère de Mᵉ CHARLES PILLET, Commissaire-Priseur,
10, rue de la Grange-Batelière,

Assisté de M. CHARLES MANNHEIM, Expert, 7, rue Saint-Georges

Chez lesquels se trouve le présent Catalogue.

EXPOSITION PUBLIQUE : *Le Jeudi 26 Novembre 1874.*
DE UNE HEURE A CINQ HEURES.

CONDITIONS DE LA VENTE

Elle sera faite au comptant.

Les acquéreurs payeront, en sus des adjudications, *cinq pour cent* applicables aux frais.

L'exposition mettant le public à même de se rendre compte de l'état des objets, il ne sera admis aucune réclamation une fois l'adjudication prononcée.

Paris. — Imprimerie Pillet fils aîné, rue des Grands-Augustins, 5.

DÉSIGNATION DES OBJETS

BRONZES D'ART

1 — Actéon changé en cerf; maquette en bronze sur cire perdue. Travail florentin.

2 — Laocoon et ses fils; maquette en bronze sur cire perdue, par Baccio Bandinelli, pour les études de sa reproduction en marbre qui est au musée des Uffizi, à Florence.

3 — Adonis, statuette en bronze.

4 — Vénus sortant du bain, statuette en bronze.

5 — Deux petits bustes en bronze représentant la Vierge et saint Jean. Travail florentin du xvie siècle.

6 — Deux petits bustes de satyres, en bronze. Travail florentin du xvie siècle.

7 — Figure d'amour debout tenant une flèche. Bronze ancien sur socle en albâtre.

8 — Petit buste de César, en bronze, sur piédouche en bronze doré. Travail italien du xvɪᵉ siècle.

9 — Statuette en bronze florentin; femme couchée sur socle en bois.

10 — Statuette de femme assise, en bronze de style antique. Patine verte.

11 — Sonnette du xvɪᵉ siècle, en bronze florentin.

12 — Petite lampe du xvɪᵉ siècle, en bronze. Travail italien.

13 — Hanap en cuivre rouge avec goulot orné d'un mascaron. xvɪɪᵉ siècle.

14 — Encrier de forme triangulaire, en bronze, orné de bas-reliefs, jeux d'enfants. Travail italien du xvɪᵉ siècle.

15 — Petit mortier en bronze décoré d'arabesques. Travail florentin du xvɪᵉ siècle.

16 — Deux médaillons ronds en bronze doré représentant des sujets mythologiques. xvɪᵉ siècle.

17 — Très-petite statuette de braconnier, en bronze doré sur socle carré orné de pierres dures.

18 — Petite lampe hébraïque, en bronze.

19 — Bas-relief en bronze doré, représentant le couronnement de la Vierge. xvɪɪᵉ siècle.

20 — Deux médaillons ronds en bronze doré à sujets en relief.

21 — Deux petites têtes de chevaux en bronze italien, appliquées sur bois doré.

22 — Petit cheval au galop. Bronze florentin.

23 — Buste de Voltaire, en bronze, grandeur naturelle.

SCULPTURES

24 — Statuette en marbre blanc. Modèle connu sous le nom de la Baigneuse de Falconnet.

25 — Tête de faune en marbre. Travail de style antique.

26 — Tête de faune avec piédouche. Marbre de style antique. — Les deux marbres qui précèdent proviennent des fouilles d'Ostie.

27 — Petit buste de femme en marbre, d'après l'antique.

28 — Figure de chien assis, en marbre blanc. Travail ancien.

29 — Bas-relief de forme hexagonale, en marbre blanc : Buste de Ferdinand d'Autriche.

30 — Buste d'homme, grandeur nature, en marbre blanc, avec chlamyde en marbre de rapport.

31 — Bas-relief en marbre blanc. Buste d'homme de profil, en costume du xvie siècle.

32 — Buste de Jean-Jacques Rousseau, grandeur nature, en marbre blanc.

33 — Tête de femme de profil, en albâtre, sculptée en bas-relief.

34 — Trois bas-reliefs en marbre rouge antique, dont deux de forme ronde et un rectangulaire.

35 — Deux petits bustes de femme, en terre cuite.

MINIATURES

36 — Médaillon ovale, peint sur émail. Portrait du duc de Lorraine.

37 — Portrait en miniature de mademoiselle de la Vallière.

38 — Miniature sur vélin ; vue d'un château dans la manière de Van Blarenberghe.

39 — Petite miniature à l'huile, sur cuivre. Portrait de la duchesse de Mantoue.

40 — Deux miniatures ovales, sur vélin. Portraits de femmes. Époque Louis XIII.

41 — Miniature ovale, sur vélin. Le Bain de pied.

42 — Miniature sur vélin. Portrait d'Isabelle d'Autriche.

43 — Miniature sur vélin. Portrait de Marguerite de
France.

44 — Deux miniatures modernes, sur vélin. Portraits de
Marie Stuart.

45 — Petite miniature ovale, sur cuivre. Portrait d'homme
en costume du xvi° siècle.

46 — Portrait de Sobieski.

47 — Miniature à l'huile. Portrait de Marie Stuart (?).

48 — Miniature ronde. Tête d'homme. Étude.

49 — Miniature rectangulaire, sur vélin. L'Afrique.

50 — Miniature sur vélin. La Vierge et l'enfant Jésus.
xvii° siècle.

51 — Miniature sur porcelaine. Vue de Chantilly.

52 — Grande miniature ovale sur ivoire, par Naudin,
d'après Landi. Jeune femme vue à mi-corps, représen-
tée en Hébé.

53 — Miniature ronde sur ivoire. Cléopâtre.

54-61 — Vingt-trois miniatures représentant des portraits d'hommes et de femmes, ainsi que des sujets
variés. Ce lot sera divisé.

62 — Quatre petits émaux suisses, représentant les saisons
figurées par des bustes de femmes.

63 — Trois bagues ornées chacune d'un portrait de femme
peint en miniature sur ivoire.

64 — Trois petites miniatures ovales, portraits de femmes.

65 — Deux jolis petits cadres en bois sculpté et doré à ornements rocaille, pour miniature.

PORCELAINES

66 — Deux bouteilles à pans en porcelaine du Japon à décor en bleu, rouge et or.

67 — Deux flacons carrés en porcelaine de Chine, dé-
corés en émaux de la famille verte.

68 — Boîte ronde et haute en porcelaine de Chine, fond
rouge et or, à ornements découpés.

69 — Grand plat rond en céladon vert d'eau gaufré à
ornements.

70 — Coupe ronde et profonde en céladon gris craquelé à côtes.

71 — Plat rond en céladon vert d'eau avec dragon gaufré en relief.

72 — Deux petits vases en biscuit de Wedgwood, à ornements réservés en blanc sur fond bleu clair.

73 — Petit bol en ancienne porcelaine de Chine à décor émaillé.

74 — Deux petits cornets en ancienne porcelaine de Chine, à fond rouge.

75 — Deux cornets en porcelaine de Chine, à décor de fleurs et insectes, émaillés en couleurs.

76 — Vase en forme de bouteille, en céladon vert d'eau et craquelé.

77 — Petit plateau rond en céladon gaufré et émaillé vert d'eau.

BRONZES D'AMEUBLEMENT

78 — Pendule à cage du temps de Louis XVI, en bronze doré, avec mouvement de Robin.

79 — Jolie petite pendule du temps de Louis XVI, en bronze doré et marbre blanc, ornée de deux figures d'enfants.

80 — Pendule du temps de Louis XVI, en marbre blanc et bronzes ciselés et dorés au mat ; modèle à consoles et galeries.

81 — Cartel en forme de vase bronzé, flanqué de deux cariatides ailées en bronze.

82 — Deux bras Louis XVI, en forme de carquois, d'où s'échappent trois branches de lis porte-lumière.

83 — Deux bras-appliques, modèle lyre, en bronze doré.

84 — Deux vases en bronze, ornés de bas-reliefs. Jeux d'enfants.

85 — Deux vases en cristal incolore taillé, montés en bronze ciselé et doré ; époque Louis XVI.

86 — Très-grande console en bronze, supportée par deux figures d'hommes accroupis. Cette pièce remarquable a été exécutée par Crozatier.

87 — Lustre flamand en cuivre poli, à huit branches porte-lumière.

88 — Grand lustre en bronze avec branches à rinceaux.

89 — Petit lustre à dix-huit lumières en bronze doré, modèle à rinceaux.

90 — Petit lustre à douze lumières, en bronze, à enfants et rinceaux.

91 — Très-petit flambeau en bronze, de style Louis XV.

92 — Deux consoles-appliques de style Louis XV, en bronze ciselé et doré.

93 — Bougeoir en bronze doré, modèle rocaille.

94 — Deux girandoles à deux lumières en bronze, ornées de figures d'enfants grotesques.

95 — Deux flambeaux en bronze de style Louis XV.

96 — Deux petits chenets modèle rocaille à figures, en bronze.

97 — Deux flambeaux de style Louis XVI, en cuivre poli.

98 — Deux girandoles de style Louis XVI à trois lumières, en bronze doré, à pieds ornés de chimères et socles marbre.

99 — Deux seaux en bronze doré de style Louis XIV.

100 — Deux cassolettes de style Louis XVI, modèle à tré-
pied, en bronze doré au mat.

101 — Deux flambeaux formés chacun d'une figure d'enfant supportant une lumière.

102 — Deux candélabres formés de figures de satyres por-
tant des branches de vigne et reposant sur des socles
en brocatelle.

103 — Deux candélabres de style Louis XVI, en bronze
doré au mat et formés chacun d'une figure d'enfant
supportant six branches porte-lumières.

104 — Petit vase de forme surbaissée, en bronze doré;
trois enfants assis regardent à l'intérieur du vase.

105 — Deux bras de style Louis XV, en bronze, modèle
rocaille et figures d'enfants.

MEUBLES

106 — Crédence Louis XII, en bois sculpté, avec portes
ornées de panneaux en marqueterie.

107 — Coffret gothique en bois sculpté, orné d'écussons
armoriés, parmi lesquels se trouve le blason de France.

108 — Grand secrétaire Louis XVI, en marqueterie de bois de rose à vases de fleurs et monuments.

109 — Petit meuble cabinet en laque noir à décor de fleurs en or, enrichi d'incrustations de burgau.

110 — Meuble en noyer sculpté, à deux corps et à quatre portes, orné de colonnes cannelées

111 — Meuble d'entre-deux en marqueterie d'écaille et cuivre, genre Boule, garni de bronzes dorés et à une porte vitrée.

112 — Deux piédestaux carrés du temps de l'Empire, en bois d'acajou, garnis de bronze et à dessus en granit.

113 — Cadre en bois sculpté et doré, avec applique en cuivre repoussé et argenté ornée d'une couronne.

114 — Cadre en bois de chêne sculpté, orné de festons de fleurs.

115 — Boîte ronde en bois dur incrusté de nacre. Travail de Tonkin.

116 — Petite glace Louis XV, avec cadre en bois sculpté et doré.

117 — Coffret du temps de Louis XIII, de forme rectangulaire, en bois incrusté de nacre et de filets de cuivre. Dessin à fleurs et ornements.

118 — Guéridon de style Louis XVI, à trois pieds et à dessus laqué et burgauté.

119 — Paravent à six feuilles peintes à l'huile représentant des sujets champêtres. Époque Louis XV.

120 — Beau dessus de table ou de console en granit rose oriental.

TAPISSERIES ET TAPIS

121 — Grande et très-curieuse tapisserie à la main, des premières années du xvie siècle. Elle offre, au centre, une rose décorée de figures religieuses ou allégoriques, entourée de figures de même style et d'ornements dans lesquels se lisent quantité d'inscriptions latines en caractères gothiques. — Haut., 5 m. 60 ; larg., 5 m.

122 — Dix morceaux de tapisseries pour coussins. Travail persan. Ce lot sera divisé.

123-124 — Deux tapis de Perse à dessins variés, l'un d'eux à fond blanc.

125-126 — Deux tapis de table brodés en soies de couleurs sur fond de coton blanc.